Bibliografische Information der Deutschen Nationalbibliothek:

Die Deutsche Bibliothek verzeichnet diese Publikation in der Deutschen National-bibliografie; detaillierte bibliografische Daten sind im Internet über http://dnb.d-nb.de/ abrufbar.

Impressum:

Copyright © 2018 GRIN Verlag
Druck und Bindung: Books on Demand GmbH, Norderstedt Germany
ISBN: 9783668895744

Dieses Buch bei GRIN:

https://www.grin.com/document/461155

Sebastian Moussa

Wie passen Mode und ökologische Nachhaltigkeit zusammen? Am Beispiel H&M

GRIN Verlag

GRIN - Your knowledge has value

Der GRIN Verlag publiziert seit 1998 wissenschaftliche Arbeiten von Studenten, Hochschullehrern und anderen Akademikern als eBook und gedrucktes Buch. Die Verlagswebsite www.grin.com ist die ideale Plattform zur Veröffentlichung von Hausarbeiten, Abschlussarbeiten, wissenschaftlichen Aufsätzen, Dissertationen und Fachbüchern.

Besuchen Sie uns im Internet:

http://www.grin.com/

http://www.facebook.com/grincom

http://www.twitter.com/grin_com

Professur für Betriebswirtschaftslehre, insbes. Kapitalmärkte & Unternehmensführung

Fakultät Wirtschafts- und Sozialwissenschaften

Mode und ökologische Nachhaltigkeit: Passt das zusammen? Am Beispiel H & M

Moussa, Sebastian

Abgabe: Hamburg, 07.01.2018

Inhalt

Abkürzungsverzeichnis

Bzw. – beziehungsweise

Insbes. - insbesondere

f. - folgende

H&M – Hennes & Mauritz

S. - Seite

U.N. – United Nations

z.B.: - Zum Beispiel

WWF – World Wide Fund for Nature

1 Einleitung

Durch den Zeitungsartikel „Schweden zieht die Preise an" (Zeit Online, 2017) bin ich auf nachhaltige Mode aufmerksam geworden und möchte mich daher mit nachfolgender Forschungsfrage beschäftigen:

„Mode und ökologische Nachhaltigkeit: Passt das zusammen? Am Beispiel H&M"
Mit dieser Hausarbeit möchte ich überprüfen, ob sich Mode und ökologische Nachhaltigkeit miteinander verbinden lassen, bzw. wie nachhaltig unsere Textilien derzeit sind. Durch Umweltkatastrophen, negativ Berichte über ausgenutzte Produktionsstätten in Schwellenländern und sinkende Gewinne werden die Unternehmen zum Handeln gezwungen. Die Gesellschaft erkennt, dass Preise in den Hintergrund rücken müssen und eine nachhaltige Produktion trotz höherer Verkaufspreise wichtig für die Umwelt und die zukünftigen Generationen sind. Am Beispiel H&M möchte ich überprüfen, ob sich die zuvor erwähnten negativen Merkmale bestätigen lassen oder nicht. Ebenfalls soll überprüft werden, ob es sich hierbei um ein explizites Branchenproblem handelt und wie sich andere Wettbewerber verhalten.

2 Nachhaltigkeit

2.1 Definition

Nachhaltigkeit beschreibt ein Prinzip der Ressourcen-Nutzung, welches versucht, die Bedürfnisse für bestehende und nachkommende Generationen durch die natürliche Regenerationsfähigkeit des Ökosystems und der Lebewesen zu bewahren. (Kopfmüller, 2011, S. 11)

Der Begriff Nachhaltigkeit hat in den letzten 25 Jahren sehr viel Aufmerksamkeit erregt, dies liegt auch mitunter daran, dass der Nachhaltigkeit zuvor keine übermäßig große Aufmerksamkeit geschenkt wurde, da die Ausmaße des unbewussten Handels unbemerkt oder noch meistgehend ignoriert werden konnten.

Sobald ein Lebensmittel, ein Kleidungsstück oder eine Ware den Begriff Bio beinhaltet, wird dem Konsumenten suggeriert, dass er ein ökologisch nachhaltiges Produkt erworben hat. Der Endkunde ist aufgrund des Bio-Siegels bereit, einen Aufpreis zu zahlen, daher sind Bio-Produkte in höheren Preissegmenten angesiedelt; dies hängt bedingt damit zusammen, dass der Anbau von Bio-Produkten teurer im Vergleich zu konventionell angebautem Lebensmittel ist. Das Gefühl des Erwerbs von Bio-Produkten löst bei den meisten Menschen eine befriedigende Emotion aus, da sie sich bewusst für ein ökologisch nachhaltig angebautes Produkt entschieden haben, welches besser für die Umweltverträglichkeit, als das konventionell angebaute Produkte ist. Das Verlangen nach biologischen Produkten wächst über den Zeitraum hinweg, wie nachfolgende Grafik veranschaulicht.

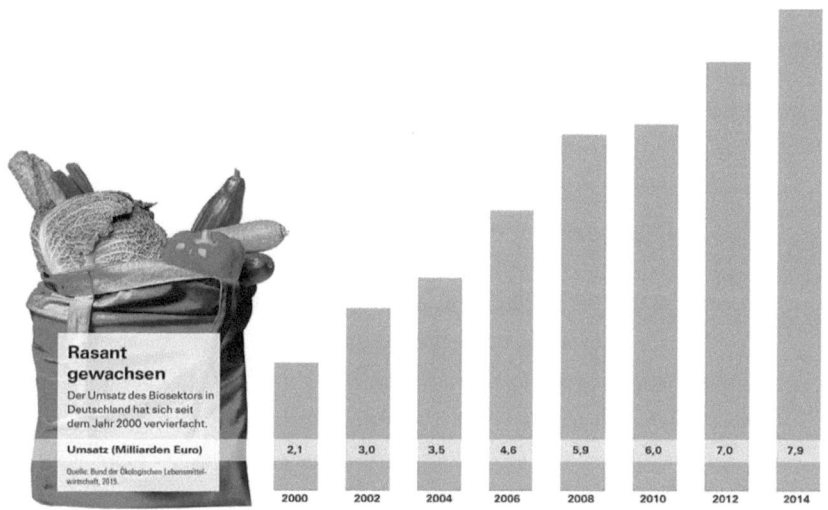

Bild 1 - Bio Boom in Deutschland, Quelle: https://www.test.de/Bio-oder-konventionell-Wer-hat-die-Nase-vorn-4947770-0/

Betrachten wir die oben dargestellte Grafik, erkennen wird deutlich, dass sich der Umsatz des Biosektors seit dem Jahre 2000 fast vervierfacht hat und ein Rückgang des Umsatzes ist nicht in Sicht. Dies ist ein deutliches Indiz dafür, dass vermehrt unbelastete/ naturbelassene Lebensmittel eingekauft bzw. vom Verbraucher gefordert werden, herkömmliche Lebensmittel hingegen sind in der Gunst der Käufer gefallen und werden je nach finanziellen Möglichkeiten vermieden. (Bund Ökologische Lebensmittelwirtschaft, 2018, S. 2 f.)

Um Nachhaltigkeit besser zu beschreiben, möchte ich daher ein paar Beispiele nennen: Täglich kommen wir in Berührung mit Produkten, die nicht nachhaltig sind und in den seltensten Fällen mehr als zweimal benutzt werden, hierzu zählen z.B. nachfolgende Produkte:

- Kaffee-Becher
- Alufolie
- Kaffeekapseln
- Plastiktüten

Mit den zuvor genannten Beispielen möchte ich deutlich machen, dass wir täglich mit den Produkten in Berührung kommen. Aus Bequemlichkeit und Kostengründen wird nicht zu ökologisch nachhaltigen Alternativen gegriffen, sondern lieber zu den kostengünstigeren unökologischen. Beispiel: Dabei bieten z.b. die meisten Kaffeehäuser ihren Kunden einen Rabatt von 10 Cent an, wenn diese einen eigenen Mehrwegkaffeebecher zur Befüllung mitbringen. Der Mehrwegbecher kann gereinigt und erneut benutzt werden. Ein Kunststoffbecher dagegen wird weggeworfen; zeitgleich sparen die Unternehmen dadurch die Kosten für Einwegbecher. Ein weiteres Beispiel: Supermärkte bieten zwei Sorten von Taschen an, eine Tasche besteht aus Plastik und kann für 0,10 € erworben werden, die nachhaltige Variante aus Baumwolle wird mit einem € berechnet. Seit Neustem ist aber auch hier ein Umdenken entstanden und die ersten Supermarktketten bieten nur noch Baumwoll-Taschen an.

Nachhaltigkeit bedeutet aber nicht nur ein Produkt mehrfach verwenden zu können, sondern beginnt bewusst in vielen anderen Bereichen bereits mit Entstehung des Produktes. Wenn wir beispielsweise darauf verzichten, neue Produkte zu kaufen und funktionierende Produkte zu ersetzen, welche noch nicht das Ende ihres Produktlebenszykluses erreicht haben. Wir könnten auf Lebensmittel verzichten aus Übersee und bevorzugt auf regionale Lebensmittel setzen. Wir wechseln unseren Stromanbieter und setzen auf Ökostrom, da Ökostrom z.B. per Windkraft und somit auf Basis von nachhaltig regenerativen Energievorkommen entsteht. Atomenergie hingegen stellt keine natürlich vorkommende Ressource dar, im Gegensatz zur Kohle, welche zwar als natürlicher Rohstoff existiert aber nicht unbegrenzt zur Verfügung steht, sich nicht regeneriert und verbrauchsbedingt Umweltschäden anrichtet. Öfters das Auto stehen lassen, oder falls es sich nicht vermeiden lässt, Fahrgemeinschaften zu bilden. Am ökologischsten wäre es, mit dem Fahrrad zu fahren oder auf öffentlichen Verkehrsmitteln zurückzugreifen. (Kirsten Diekamp, 2010, S. 7 ff.)

Durch Rücksichtslosigkeit gegenüber unserer Umwelt haben wir unsere Erde enormen Strapazen ausgesetzt. Inzwischen machen sich die Ausmaße auf der ganzen Welt bekannt. Inzwischen lassen sich die Ausmaße der Schäden weltweit nicht mehr leugnen, da wir vermehrt mit Naturkatastrophen rechnen müssen, sich unsere Jahreszeiten um mehrere Monate verschieben und der von uns eigens Erzeugte CO^2 Ausstoß : solch eine extreme Intensität angenommen hat, welche dazu führen, dass wir eine steigende Anzahl von Gesundheitsbeschwerden davon tragen müssen, die sich in Infektionskrankheiten und Herz-Kreislauf-Erkrankungen niederschlagen. (Umweltbundesamt, 2016)

2.2 Nachhaltigkeit in der Modeindustrie

Auch die Textilindustrie reagiert, indem sie Produkte in „Slow" und „Fast Fashion" anbietet. Wobei der „Fast Fashion" Ansatz nicht nachhaltig ist. Bei der Slow-Fashion wird darauf geachtet, dass die Mode aus Biostoffen oder recycelten Materialien besteht. Dazu zählt auch Second Hand Mode zu tragen und somit den Lebenszyklus des Produktes zu verlängern, bzw. zu entschleunigen, kleinere lokale Anbieter zu stärken oder Kleidungsstücke aufgrund qualitativ besserer Herstellung länger zu nutzen. Diese Produkte sind im Vergleich zu günstigen Anbietern in höheren Preissegmenten angesiedelt. (Choi, 2013, S. 9 f.)

2.3 Nachhaltiges Marketing

Das Nachhaltigkeitsmarketing, welches sowohl ökologische als auch soziale Ziele miteinander verbindet, entstand aus der Weiterentwicklung des Ökomarketings. Dabei steht die reine Gewinnmaximierung nicht mehr im Fokus. Die nachfolgende Abbildung bildet das Grundgerüst für Nachhaltigkeit, nachhaltiges Marketing wird in die folgenden drei Säulen unterteilt.

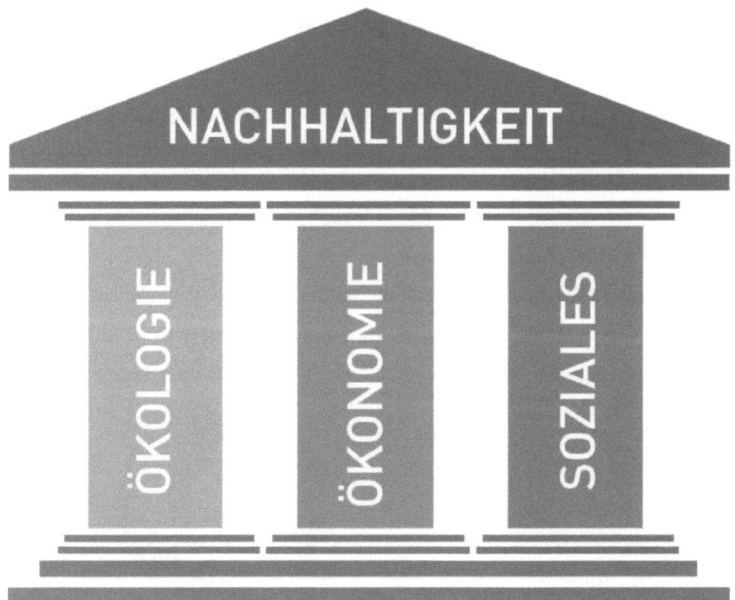

Bild 2 - Nachhaltigkeit Säulen - Quelle: https://ibu-epd.com/wp-content/uploads/2016/03/3S%C3%A4ulen.png

- Ökologische Nachhaltigkeit – Es dürfen nur ökologisch nachhaltige Rohstoffe abgebaut und beansprucht werden, die sich selbstständig regenerieren
- Ökonomische Nachhaltigkeit – Derzeitige Generationen sollen nicht über ihren Verhältnissen leben, sondern zukunftsorientiert, verantwortungsvoll konsumieren
- Soziale Nachhaltigkeit – Ein Staat sollte so organisiert sein, dass die gesellschaftliche Stabilität erhalten bleibt

Nachhaltiges Marketing besagt, dass ein Unternehmen seinen Umsatz steigern kann, wenn es sich an den oben genannten Säulen orientiert. Dadurch, dass Nachhaltigkeit in der Gesellschaft einen hohen Stellenwert eingenommen hat, können mit nachhaltigen Produkten höhere Umsätze erzielt werden. Hierbei gilt es aus Unternehmer-Sicht zu beachten, dass Nachhaltigkeitsmaßnahmen nicht als Aufwendung gesehen werden dürfen, sondern als Investition in die Zukunft. Nachhaltigkeitsorientiertes Marketing stellt die Auswirkungen der Konsumfreudigkeit der heutigen Generation auf den Prüfstand und blickt vorausschauend auf nachfolgende Generationen, damit auch diese sich an derselben Konsumfreudigkeit erfreuen können. (Philip Kotler, 2010, S. 136 ff.)

Hinzu kommt, wie bereits in Kapitel 2.1 erwähnt, dass Nachhaltigkeit einen hohen Stellenwert genießt und Kunden durchaus bereit sind für nachhaltige Produkte mehr Geld auszugeben, da diese bevorzugt konsumiert werden. (Shen, 2014)

2.4 Nachhaltigkeits-Zertifikate

Unternehmen haben die Möglichkeit, ihre Produkte mit Nachhaltigkeits-Zertifikaten zu versehen, diese Zertifikate können sie gegen ein Entgelt erwerben und nach erfolgreicher Prüfung durch vorgegebene EU-Richtlinien, dürfen die Produkte mit dem Siegeln beworben werden. Zu den Bekanntesten zählen:

- Blauer Engel Textilien
- EC Ecolabel Textilien
- Fairtrade – Baumwolle
- Fairtrade Textile Production

Bild 3 - Blauer Engel - Quelle: https://www.siegelklarheit.de/static/Logo/285.de.jpg

Das Siegel „Blauer Engel" steht für Textilien, welche umweltfreundlich hergestellt werden, schadstoffgeprüft sind und sozialen Kriterien entsprechen. (Siegelklarheit, 2018)

Als weiteres, bekanntes und oft benutztes Siegel fungiert das GOTS-Siegel. Dieses kenn-zeichnet Produkte, die mindestens einen Anteil von 70 Prozent aus biologisch erzeugten Na-turfasern besitzen müssen. Am bekanntesten, wohl auch durch die Lebensmittelindustrie sind Kleidungsstücke, die mit dem Vermerk „Fairtrade" gekennzeichnet sind.

Des Weiteren exisitiert in Deutschland das Bündnis für nachhaltige Textilien, hierbei handelt es sich aber nicht um einen Aufkleber, wie er in der Lebensmittelindustrie benutzt wird, sondern es handelt sich um eine Vereinigung von Firmen, welche versprechen die Tex-tilproduktion zu verbessern. Diesem Bündnis gehören derzeit zum Beispiel folgende Unternehmen an: Adidas, Gerry Weber, H&M, Hugo Boss und ca. 75 weitere Unternehmen. Unter Punkt 3.2 wer-den wir uns weiter dem Unternehmen H&M und dessen Maßnah-men für Nachhaltigkeit widmen.

Bild 4 - Fairtrade Cotton - Quelle: https://www.siegelklar-heit.de/static/Logo/288.de. jpg

Das Bündnis sorgt dafür, dass Unternehmen ihre Lieferketten trans-parent offenlegen, ebenfalls versprechen die Unternehmen, sich zu-künftig noch stärker für Nachhaltigkeit einzusetzen So einigten sich alle teilnehmenden Fir-men darauf, ihre nachhaltige Baumwollproduktion bis 2020 auf mindestens 35% zu steigern, hiervon wiederum müssen mindestens 10% aus Bio-Baumwolle stammen. In den darauffol-genden Jahren haben sich die Unternehmen verpflichtet den Bio-Baumwollen-Anteil bis 2025 auf 20% zu steigern. (Textilbüdnis für nachhaltige Textilien, 2018)

2.5 Vereinte Nationen

Die Vereinten Nationen bestehen aus 193 Nationen, welche miteinander beschlossen haben, die gleichen Standards und humanitäre Versorgung zu gewährleisten. Der Begriff Nachhaltig-keit nimmt einen immer höheren Stellenwert in der Zusammenarbeit zwischen den Ländern ein. Im Jahre 2015 trat ein Beschluss der Vereinten Nationen in Kraft, welcher die 17 nachfol-genden Verabredungen umfasst, zusätzlich wurden 169 Unterziele beschlossen. (Umweltbundesamt, 2016)

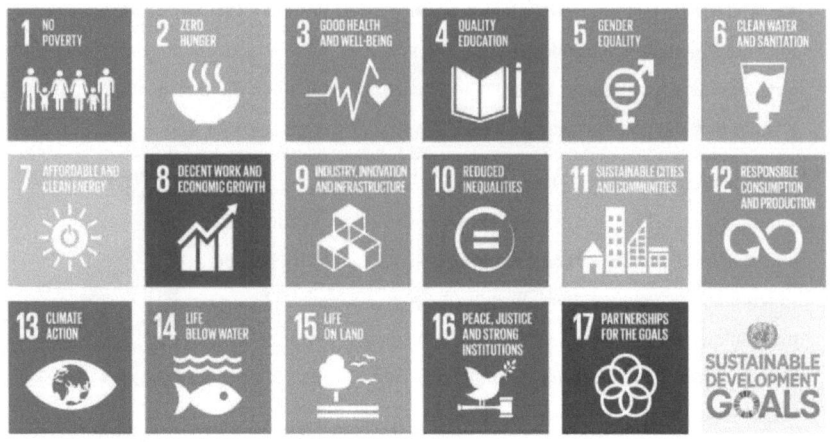

Bild 5 - United Nations 17 tasks, Quelle: https://www.visavis-wirkt.de/sustainable-development-goals-corporate-citizenship-workshopergebnisse.html

"Sustainable development is development that meets the needs of the present without compromising the ability of future generations to meet their own needs" (United Nations, 1987)

2.6 Baumwolle

Unsere Textilien bestehen zum Großteil aus Baumwolle, dabei wird in konventionellen und nachhaltigen Bio-Anbau unterteilt. Der Bio-Anteil der Baumwollproduktion beträgt derzeit nur einen Anteil von 15%, obwohl die Kosten für Bio-Baumwolle, im Vergleich zur konventionellen Produktion geringer sind. (WWF, 2018)

Bio Baumwolle besteht zu einem Großteil aus Zellulose und lässt sich biologisch abbauen. Dabei werden keine Insektenvernichtungsmittel oder Pestizide eingesetzt. Bio-Baumwolle ist länger haltbar und belastbarer als normale Baumwolle. Jedoch verbraucht die Produktion bei der Herstellung pro Kilo ca. 11.000 Liter Wasser, allerdings kann die Bio-Baumwolle zu 80% aus Regenwasser bewässert werden, dadurch sinkt die künstlich zugeführte Wassermenge auf knapp 2.000 Liter.

Herkömmliche Baumwolle wiederum wird mit Pestiziden und Insektengiften behandelt und damit belastet, dadurch wird auch der Boden und das Grundwasser geschädigt. Baumwolle kann zu ihrem Nachteil nicht mit Regenwasser bewässert werden und verbraucht daher 8.000 Liter Süßwasser, welches auch für die Grundwasserversorgung hätte eingesetzt werden können. (WWF, 2017)

Jährlich konsumieren wir auf der Welt mehr als 30 Millionen Tonnen Baumwolle, im Jahre 2018 betrug der Preis für Baumwolle durchschnittlich 0,71 $ für einen Kilo Baumwolle. Die Produktion der Baumwolle findet weltweit statt, allerdings stellen China, Indien und die USA einen Großteil der Baumwolle mit einem Anteil von über 60% der gesamten Weltproduktion. Für die Produktion der Baumwolle werden jährlich 256 Kubikmeter Wasser benötigt, um sich die Menge besser vorstellen zu können: mit dem jährlich verbrauchten Wasser könnte jeder Mensch auf der Erde mit 120 Litern Frischwasser versorgt werden. (Kirsten Diekamp, 2010, S. 55)

3 Das Unternehmen H&M

Der schwedische Textilhändler wurde am 04.10.1947 durch Erling Persson in Västerås, Schweden, gegründet. Bei Gründung des Unternehmens wurde das Hauptaugenmerk auf günstige Preise gelegt, das Sortiment umfasste größtenteils Damenmode. Erst im Jahre 1968 wurde durch die Übernahme des auf Jagdbekleidung spezialisierten Unternehmens „Mauritz Widforss" auch Herrenmode als Bekleidung im Sortiment aufgenommen. Die Geschäfte konnten

Bild 6 - H&M Logo - Quelle: H&M.com

über die Jahre dauerhaft expandiert werden, inzwischen prägt das oben eingebettete Logo von H&M die Stadtbilder weltweit, was dazu führt, dass das Unternehmen in 71 Ländern mit eigenen Geschäften vertreten ist, welche 171.000 Mitarbeiter beschäftigen. In 35 von 71 Ländern wird zusätzlich die Möglichkeit angeboten, die Textilien online zu bestellen und diese anschließend im Ladengeschäft abzuholen oder sich die Pakete bequem nach Hause liefern zu lassen. Im Geschäftsjahr 2017 musste sich H&M erstmalig mit einem Umsatzrückgang auseinandersetzen, der Textilhändler musste sich mit einem operativen Gewinn von umgerechnet ca, 2.1 Milliarden Euro zufriedengeben und kündigte an, umsatzschwache Filialen zu schließen und sich mehr auf die Online-Geschäfte zu fokussieren. (H&M, 2018) (H&M, 2019) (Shen, 2014)

3.1 Negative Presseberichte

Bevor wir uns der Nachhaltigkeit des Unternehmens widmen, möchte ich die negativen Presseberichte des Unternehmens beleuchten und überprüfen, ob ein Zusammenhang mit der Nachhaltigkeit besteht.

Der aktuellste Skandal bei H&M zeigt einen kleinen farbigen Jungen, welcher einen Pullover mit dem Aufdruck „Coolest Monkey in the Jungle" trägt und damit für den Modekonzern Modell steht. Aufgrund dieses Fotos beendeten zahlreiche Werbegesichter, wie der amerikanische Rapper „the Weekend", aufgrund von Rassismusvorwürfen gegenüber H&M, die Zusammenarbeit mit dem Modegiganten. Der davongetragene Imageschaden des Unternehmens war enorm, es kam untern anderem in den Ladengeschäften in Südafrika des Unternehmens zu Plünderungen und Vandalismus, dadurch blieb Umsatz aus und es entstand ein Schaden in Millionenhöhe. (Spiegel Online, 2018)

Seit Jahren hat das Unternehmen ebenfalls mit unzufriedenen Mitarbeitern zu kämpfen. In dem nächstgrößeren Skandal wird von Mitarbeitern erzählt, die Arbeitsverträge besitzen, welche Abrufs-Arbeitszeiten vorsehen. In diesem Modell wird ein Arbeitsvertrag mit einer Mindeststundenzahl festgelegt, es wird aber nicht von zuvor planbaren Tagen gesprochen, sondern die Mitarbeiter müssen sich flexibel halten und auf Verlangen ihre Arbeitszeiten an die Nachfrage im Unternehmen anpassen. Dies hat zur Folge, dass die Mitarbeiter, auf einen Zweitjob angewiesen sind, diesen aber nicht antreten können. Bei einer Umfrage durch den Betriebsrat, im Hause H&M wurde deutlich, dass das Unternehmen 41% seine Mitarbeiter im Filialgeschäft auf diese Art beschäftigt. (Die Zeit, 2017)

Seit einiger Zeit sieht sich H&M mit den negativen Schlagzeilen konfrontiert, dass das Unternehmen seine Waren durch Kinderarbeit in en Entwicklungs- und Schwellenländern verrichten lässt. Die Gerüchte werden fast jährlich bestätigt durch neue Medienberichte. (Spiegel Online, 2017)

3.2 Produktionsstätten von H&M

Das Unternehmen lässt seine Waren derzeit von rund 800 unabhängigen Lieferanten produzieren. Die Lieferanten müssen alle bestimme Anforderungen erfüllen, um Waren an H&M liefern zu können. Das Unternehmen verspricht, dass die Arbeiter in den Fabriken fair behandelt werden, nicht unter menschunwürdigen Arbeitsbedingungen arbeiten müssen und dass aktuellste Sicherheit und Qualitätsstandards eingehalten werden müssen. Werden die geforderten Standards eingehalten, belohnt H&M die Lieferanten mit Folgeaufträgen. (H&M, 2018)

3.3 H&M und Sustainability

Das Unternehmen trat in Deutschland dem Bündnis für nachhaltige Textilien als eines der ersten Unternehmen bei. Zuletzt wurde im Jahre 2017 ein Nachhaltigkeitsbericht herausgegeben und gibt an, dass derzeit 35% der produzierten Waren aus recycelten oder vergleichbaren Waren entstanden sind. Bis 2030 wurde das Ziel herausgegeben, 100% der Waren komplett nachhaltig zu produzieren. (H&M, 2018) Die Nachhaltigkeitsberichte von H&M geben über die

Lieferketten Aufschluss und informieren Anleger und Konsumenten über die Lieferanten und Produzenten. (Shen, 2014)

Seit Neustem gibt es in einer Hamburger-Filiale des H&M-Konzerns einen Reparaturservice für gebrauchte Textilien. Hier können Kunden ihre getragene Kleidung abgeben und diese reparieren lassen. Dabei soll zunächst getestet werden, ob die Kundschaft diesen Reparaturservice bereitwillig in Anspruch nimmt oder nicht. Laut Aussagen des Unternehmens sollen die Kunden auf Nachhaltigkeit sensibilisiert und auf diese Weise das Wegwerfen alter Textilien vermieden werden. (Greenpeace Blog, 2018)

Neben dem Reparaturservice bietet H&M auch die Möglichkeit an, nicht mehr getragene bzw. nicht mehr benötigte Kleidungsstücke in einer der Filialen abzugeben. Die Mode wird dann, sofern sie sich noch in einem guten Zustand befindet, auf der ganzen Welt als Second-Hand-Ware verkauft. Lässt es die Beschaffenheit nicht zu, lautet die Alternative Upcycling oder Recycling. Der Kunde erhält für die Abgabe der alten Kleidung einen Gutschein, des Unternehmens, welcher dann beim nächsten Einkauf eingelöst werden kann.

Eine ähnliche Strategie verfolgt die Möbelhauskette IKEA durch den Rückkauf gebrauchter Möbel in fünf Einrichtungshäusern in Deutschland. Um den Kunden auf Nachhaltigkeit zu sensibilisieren, gilt das bisherige Rückgaberecht von einem Jahr, beziehungsweise das zuvor geltende lebenslange Rückgaberecht, nicht mehr, sondern der Kunde kann seine gebrauchten Möbelstücke zur Bewertung an eines der fünf Warenhäuser abgeben und erhält dafür eine Gutscheinkarte, die er innerhalb eines halben Jahres zum Kauf neuer IKEA-Möbel einsetzen kann.

Im Jahre 2018 wurde die erste exklusive, recycelte Modekollektion von H&M vertrieben, die Mode setzte sich aus 100% recyceltem Nylon zusammen. (H&M, 2018)

Als strategisches Ziel fasst H&M den Entschluss das Thema Nachhaltigkeit an oberster Stelle zu setzen und damit innerhalb der Textilbranche als Vorreiter zu fungieren. Dies soll mit den oben erwähnten Aktionen umgesetzt werden. Zusätzlich möchte das Unternehmen soziale Verantwortung übernehmen und seinen Kunden z.B. Pflegetipps für die Kleidungsstücke für eine längere Haltbarkeit mitgeben. Laut Untersuchungen von WWF befindet sich das Unternehmen auf einem sehr guten Weg sich nachhaltig weiterzuentwickeln. In der nachfolgenden Statistik lässt sich erkennen, dass H&M sich unter den fünf Top-Adressen für Nachhaltigkeit befindet. Hierbei wurden folgende Punkte in der Statistik berücksichtigt:

- Strategie,

- Umsetzung und

- Nachvollziehbarkeit der Nachhaltigkeitsziele

In allen zuvor genannten Kategorien hat das Unternehmen laut WWF gute Werte erreicht.

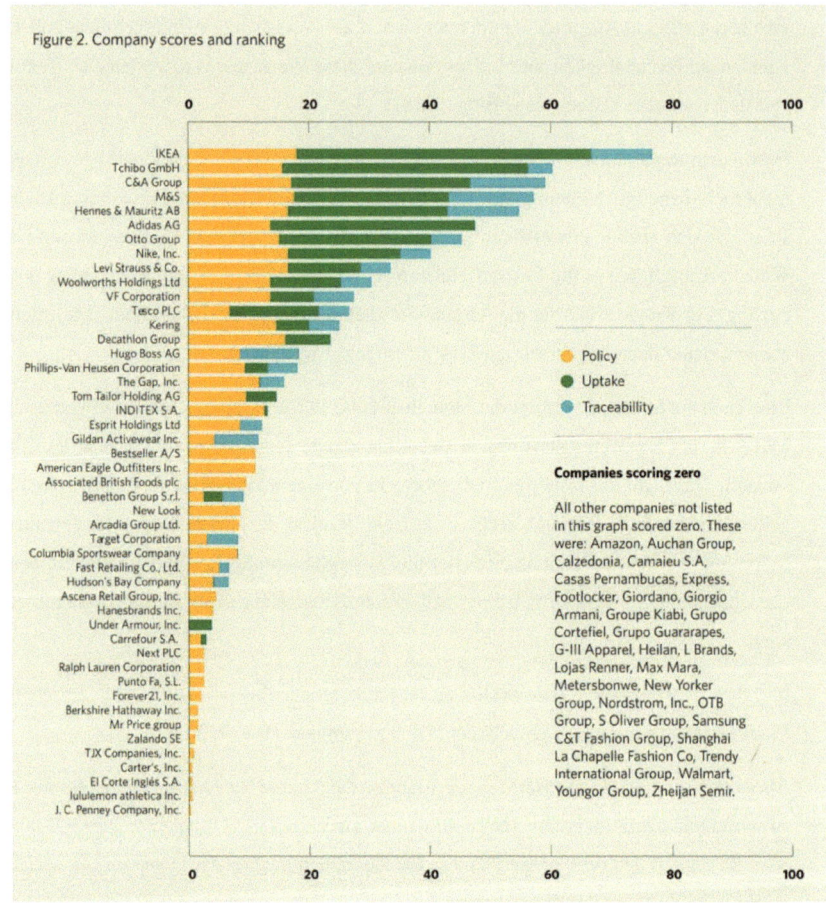

Bild 7 - Nachhaltigkeitsranking WWF - Quelle: https://www.wwf.de/themen-projekte/landwirtschaft/produkte-aus-der-landwirtschaft/baumwolle/

4   Textilindustrie

Die derzeitige Ausgangslage des Konsums zeigt, dass der durchschnittliche Europäer derzeit 20 kg Textilien jährlich konsumiert, die günstigen Preise der Textilhersteller, lassen es zu, dass Textilien für eine Saison getragen und anschließend im Kleiderschrank verschwinden. (Zeit Online, 2012)

Dies hängt damit zusammen, dass die Unternehmen die „Fast Fashion" Variante gegenüber der „Slow Fashion" Variante bevorzugen. Der Vorteil liegt auf der Hand, dass die Konsumenten mehr, schneller und erneut konsumieren, somit erzielen die Unternehmen mehr Umsatz. Das schnelle Austauschen von Mode kommt den Unternehmen hierbei zugute, da die Nachfrage nach den neuesten Modetrends stets vorhanden ist. Dem Konsumenten wird es einfach gemacht, die Kleidungsstücke nach Belieben auszutauschen, da die Textilien im unteren Preissegment angeordnet sind.

Trotzdem hat die Modebranche derzeit mit einem Umsatzrückgang zu kämpfen, da die Konsumenten nachhaltig produzierte Textilien fordern und nicht nachhaltig produzierte Textilien meiden. Dies geht zu Lasten der Umsätze der Textilriesen, da der Sprung der Nachhaltigkeit verpasst wurde und nachhaltige Produkte noch nicht im unteren Preissegment angeboten werden können.

Dies haben auch die Modegiganten verstanden und lenken seit einigen Jahren ein, es werden Nachhaltigkeit-Reports erstellt und der Kunde erhält Einblicke in die Lieferketten der großen Modeketten. Ebenfalls wird vermehrt darauf geachtet, dass die vorhandenen Lieferanten und Produzenten durch Schulungen und Fortbildungen verbessert werden und auf einen ökologisch nachhaltigen Umgang mit Ressourcen geachtet wird. (Wong, 2014) (Carey, 2011)

Es werden für alle wechselnden Jahreszeiten neue Modesortimente vorgestellt, somit hoffen die großen Modefirmen, dass die Konsumenten zu jeder Jahreszeit erneut die neusten Trends der Modebranche aufkaufen. (Dieter Ahler, 2006, S. 11 f.)

4.1 Greenwashing in der Textilindustrie

Greenwashing wird seit den 1980er verwendet, um positive Publicity zu schaffen, dies wird mit Hilfe von positiver Öffentlichkeitsarbeit, durch z.B. Zeitungsartikel oder Geldspenden erreicht. Positive Berichte lassen weniger nachhaltige Firmen in positivem Licht erscheinen oder es wird z.B. darüber hinweggeschaut, wie Textilhersteller Abwasser entsorgen, wenn diese mit finanziellen Spenden zum Beispiel die Infrastruktur fördern. (Béatrice Parguel, 2014) (Guardian, 2016)

Ein Beispiel für Greenwashing in der Modeindustrie:

Die beiden Modefirmen Nike und Adidas haben sich bereits im Jahre 2011 dazu verpflichtet auf gefährliche Schadstoffe während der Produktion zu verzichten. In dem Abkommen wurde vereinbart, dass die entstandenen Schadstoffe bei der Produktion nicht ohne zuvor erforderte Reinigung dem Abwasser zugeführt werden dürfen, da die Schadstoffe Trink- und Grundwasservorkommen verschmutzen.

Aufgedeckt wurde die Verschmutzung durch Greenpeace, welche 17 der größten Firmen in ihrer Kampagne „Detox" dazu aufrief, sich zu verpflichten, bis 2020 schadstofffrei zu produzieren.

Die beiden Unternehmen Nike und Adidas schlossen sich am schnellsten der Kampagne an, legten aber keinen Umsetzungsplan für die unterschriebenen Versprechen vor, obwohl dies gefordert war. Nach einem Medialen-Echo schlossen sich beide Firmen an und versprachen die geforderten Ziele zusätzlich umzusetzen. (Greenpeace, 2011)

In diesem Fall wird von Greenwashing gesprochen, da beide Unternehmen wussten, dass der Entschluss auf die Forderungen von Greenpeace einzugehen, positive Auswirkungen auf die Öffentlichkeitsarbeit hat, es folgte aber von beiden Firmen keine Umsetzung der geforderten und versprochenen Kampagne. (Spiegel Online, 2013)

4.2 Greenwashing bei H&M

Um zu untersuchen, ob das Unternehmen Greenwashing betreibt, schauen wir die „Conscious" Kollektion genauer an. H&M wirbt damit, ausschließlich Produkte zu verwenden, welche aus Bio-Seide recycelten Fischernetzen und Fasern aus Holz bestehen. Der Schwerpunkt liegt hier auf den Stoffen, die nachhaltig wiederverwendet werden. Die Arbeitsbedingungen der Hersteller während der Produktion werden nicht untersucht, es wird nur von Stoffen geredet, die nachhaltig aufbereitet werden.

Hinzu kommt, dass das Unternehmen nur zusichert, dass z.B. Bio-Baumwolle verwendet wird, es wird nicht erwähnt wie die Bio-Baumwolle bearbeitet wird. Wie bereits in Punkt 2.6 erwähnt wird Bio-Baumwolle ohne Pestizide und schädliche Stoffe angebaut. Die Bearbeitung der Stoffe wird aber in anderen Firmen fortgesetzt, H&M erwähnt aber nicht, ob die Verarbeitung ohne schädliche Zusatzstoffe erfolgt.

Durch den Einsatz von Subunternehmern entzieht sich H&M der Verantwortung und verweist lediglich auf den eigens geschaffenen Verhaltensindex. Dieser sieht vor, dass die Lieferanten und Produzenten sich selbstständig um die Einhaltung des Kodexes durch die Subunternehmen kümmern. Das sorgt wahrlich für wenig Transparenz und kann daher folgerichtig nicht abschließend überprüft werden.

In einem aktuellen Fall wird H&M Kinderarbeit vorgeworfen, da das Unternehmen durch Subunternehmer Kleidung durch Minderjährige in Burma (Myanmar) fertigen lässt. Darauf angesprochen, wies das Unternehmen jede Schuld von sich und erklärt, dass die Produktion durch Kinder nicht unterstützt werde, allerdings verweist das Unternehmen gleichzeitig darauf, dass Kinder ab 14 Jahren in Burma arbeiten dürfen. (Spiegel Online, 2017)

In einem weiteren Fall wurde H&M vorgeworfen, Bio-Baumwolle mit herkömmlicher Baumwolle zu mischen, bzw. aus Kostengründen zu strecken und die produzierten Waren anschließend als 100%ige Bio-Baumwolle deklariert und verkauft zu haben. Dies hängt damit zusammen, dass die Zusammensetzung der Waren nicht von einer unabhängigen Prüfungsstelle kontrolliert wird, somit haben die Unternehmen, wie H&M freie Hand und können das Siegel verwenden, ohne die 100% Reinheit der Bio-Baumwolle nachweisen zu müssen. Das Unternehmen bestätigte den Vorfall gegenüber den Medien. (Wirtschaftswoche, 2012)

Durch einen dänischen TV-Sender wurde aufgedeckt, dass H&M die nicht verkaufte Waren verbrennen lässt, um für die neuste Kollektion, Platz im Lager zu schaffen. Zuerst bestritt der Konzern die Vorwürfe, gab dann aber kleinlaut zu, einige der Waren zu verbrennen, die mit Chemikalien verseucht sind, um wie viel Ware es sich handelt, wollte das Unternehmen nicht bekannt geben. Hier wird der Vorwand erweckt, dass H&M in seinen Filialen ein Recycling-Programm anbietet, dieses lässt aber die endgültige Transparenz vermissen. Der Verbleibt der Ware kann nicht nachvollzogen werden, sollte diese sich in einem schlechten Zustand befinden, auch wird nicht weiter darauf eingegangen, wie das Unternehmen einen schlechten Zustand definiert. (Stern, 2017)

5 Fazit und Ausblick

Abschließend möchte ich wieder auf meine Leitfrage zurückkommen. Wir haben in der vorliegenden Arbeit das Unternehmen H&M kennengelernt und beleuchtet, ob das Unternehmen ökologisch nachhaltig wirtschaftet.

Ich ziehe die Schlussfolgerung, dass das Unternehmen, in Nachhaltigkeit investiert und sich bemüht, teilweise Verantwortung für Lieferanten und Produzenten zu übernehmen.

Trotz der Bemühungen von H&M Nachhaltigkeit mit Hilfe von Transparenz offenzulegen, scheint das Unternehmen bewusst nur einige seiner Lieferanten in den Vordergrund zu rücken, Subunternehmer durch die das Unternehmen in die Kritik geraten könnte, werden nicht im Nachhaltigkeitsreport aufgeführt. Durch die negativen Presseartikel, ist verständlich, warum H&M nur seine Vorzeige-Lieferanten auf einer öffentlich zugänglichen Liste zeigt.

Meiner Ansicht nach betreibt das Unternehmen Greenwashing. Einerseits bietet das Unternehmen eine Dienstleistung an, um beschädigte Waren zu reparieren oder nicht mehr benötigte Kleider zu spenden. Andererseits erhält der Kunde für seine Kleiderspende einen Gutschein, der wieder in der H&M Filiale eingelöst werden muss gegen neue Textilien. Dadurch wird der Kreislauf der Fast Fashion weiter bedient und die Spende, hatte zur Folge, dass erneut mehr Textilien gekauft werden.

Was mit den gespendeten Kleidern geschieht, konnte nur zum Teil beantwortet werden, da das Unternehmen hierüber keine Auskünfte erteilt. Ein Teil wird recycelt und ein Teil upcycelt. Wie viele Tonnen Textilien jeweils upcycelt, receycelt oder verbrannt werden, lässt sich nur schätzen. Das Unternehmen gibt den Wert der verbrannten Textilien mit einem % an. Wie wir bereits erfahren haben, wurde aber durch einen TV-Sender aufgedeckt, dass H&M Teile seiner Kollektionen verbrennt, um Platz in den Lagern zu schaffen.

Es existieren auch positive Aspekte, so hat sich das Unternehmen in den letzten Jahren nachhaltig weiterentwickelt, auch die Textilindustrie macht Fortschritte.

Es bleibt abzuwarten, ob H&M die hochgesteckten Ziele bis 2030 erfüllen kann oder ob diese, ähnlich wie Nike und Adidas, in die Leere verlaufen und es nur die positive Berichterstattung Vordergrund stand.

Das Wichtigste bleibt der Konsument, wenn sich die Konsumenten auf Nachhaltigkeit festgelegt haben, müssen auch die großen Textilunternehmen nachziehen, ohne Kunden keine Umsätze erzielen, Umsätze lassen sich nur erzielen, solange die Kundschaft zufrieden bleibt und weiterhin die eigenen Produkte kauft. Im Umkehrschluss haben es somit die Konsumenten, selbst in der Hand, welche Produkte und Firmen wir durch unsere Kaufkraft unterstützen.

Wichtig bleibt hierbei, dass die Bewegung nicht von einer Einzelperson ausgehen kann, da wir getrost dem Motto leben: „Keine Schneeflocke in der Lawine fühlt sich verantwortlich."
Stanislaw Jerzy Lec

Ich komme zu dem Entschluss, dass sich die Textilindustrie und ökologische Nachhaltigkeit miteinander verbinden lassen. Denn Unternehmen haben erkannt, dass auch mit nachhaltiger Mode Gewinne erzielt werden können, die Investition in die Nachhaltigkeit muss daher als Chance gesehen werden und nicht als lästiges Ausgabemittel. Sollten die Unternehmen dies nicht verstanden haben, werden die Unternehmen langfristig besser: durch nachhaltigere Wettbewerber aus dem Markt verdrängt.

Literaturverzeichnis

Béatrice Parguel, F. B. (2014). *Can Evoking Nature in Advertising Mislead Consumers?*

Bund Ökologische Lebensmittelwirtschaft. (2018). *Zahlen - Daten - Fakten - Die Bio - Branche 2018.* Berlin: BÖLW.

Carey, M.-C. C. (2011). *Critical Studies in Fashion & Beauty.* intellect journals Ltd. Von https://www.researchgate.net/publication/272274145_Consumers'_perceptions_of_'gr een'_Why_and_how_consumers_use_eco-fashion_and_green_beauty_products abgerufen

Choi, T.-M. (2013). *Fast fashion systems: theories and applications - vol. 4.*

Die Zeit. (31. 10 2017). *Die Zeit.* Von Die zeit: https://www.zeit.de/arbeit/2017-10/h-und-m-arbeitsbedingungen-kritik-betriebsrat-kuendigung/komplettansicht abgerufen

Dieter Ahler, K. G.-B. (2006). *Internaltionalisierung im Bekleidungseinzelhandel.* Münster.

Greenpeace. (2011). *Detox campaign hat trick: Adidas joins Nike and Puma.* Von http://www.greenpeace.org/archive-international/en/news/Blogs/makingwaves/detox-campaign-hat-trick-adidas-joins-nike-an/blog/36569/ abgerufen

Greenpeace Blog. (13. 04 2018). *Greenpeace Blog.* Von https://blog.greenpeace.de/artikel/take-care-hm abgerufen

Guardian, T. (20. 08 2016). The troubling evolution of corporate greenwashing . Von https://www.theguardian.com/sustainable-business/2016/aug/20/greenwashing-environmentalism-lies-companies abgerufen

H&M. (2018). *Annuak Report 2017.* Stockholm, Schweden: H & M. Von https://about.hm.com/content/dam/hmgroup/groupsite/documents/en/Annual%20Repo rt/Annual%20Report%202017.pdf abgerufen

H&M. (20. 12 2018). *H&M.* Von H&M Sustainabillity: http://about.hm.com/en/sustainability/sustainability-summary2017.html abgerufen

H&M. (2018). *H&M Conscious Exclusive continues to show proof of sustainable fashion innovation.* Von https://about.hm.com/en/media/news/general-news-2018/h-m-conscious-exclusive-continues-to-show-proof-of-sustainable-f.html abgerufen

H&M. (2018). *Supplier List.* Von Supplier List: http://sustainability.hm.com/en/sustainability/downloads-resources/resources/supplier-list.html abgerufen

H&M. (2. Januar 2019). Von H&M: http://about.hm.com/en.html abgerufen

Kirsten Diekamp, W. K. (2010). *Eco Fashion: Top-Labels entdecken die Grüne Mode* (1. Auflage Ausg.). Stiebner.

Kopfmüller, A. G. (2011). *Nachhaltigkeit.* Frankfurt: Campus Studium.

Philip Kotler, G. A. (2010). *Grundlagen des Marketing.* Pearson Studium.

Shen, B. (2014). *Sustainable Fashion Supply Chain: Lessons from H&M.* Abgerufen am 20. 12 2018 von https://www.mdpi.com/2071-1050/6/9/6236

Siegelklarheit. (15. Dezember 2018). *Siegelklarheit*. Von https://www.siegelklarheit.de/blauer-engel-textilien-285 abgerufen

Spiegel Online. (31. 10 2013). *Nachhaltigkeits-Ranking Greenpeace wirft Adidas und Nike Schönfärberei vor*. Von http://www.spiegel.de/wirtschaft/service/greenpeace-bezeichnet-adidas-und-nike-in-ranking-als-greenwasher-a-930973.html abgerufen

Spiegel Online. (02. 06 2017). *Studie wirft H&M Kinderarbeit vor*. Von Spiegel Online: http://www.spiegel.de/wirtschaft/service/h-m-primark-takko-studie-wirft-modeketten-kinderarbeit-in-burma-vor-a-1133370.html abgerufen

Spiegel Online. (09. 01 2018). *Spiegel Online*. Von Spiegel Online: http://www.spiegel.de/wirtschaft/unternehmen/h-m-rassismus-vorwuerfe-nach-werbefoto-mit-schwarzem-jungen-a-1186862.html abgerufen

Stern. (17. 10 2017). *H&M verbrennt tonnenweise unverkaufte Kleidung*. Von H&M verbrennt tonnenweise unverkaufte Kleidung: https://www.stern.de/wirtschaft/news/h-m-verbrennt-tonnenweise-unverkaufte-kleidung-7663888.html abgerufen

Textilbüdnis für nachhaltige Textilien. (14. Dezember 2018). *Textilbüdnis für nachhaltige Textilien*. Von Textilbüdnis für nachhaltige Textilien: https://www.textilbuendnis.com/wer-wir-sind/das-buendnis/ abgerufen

Umweltbundesamt. (2016). *Neustart der EU-Nachhaltigkeitspolitik im Rahmen der Umsetzung der Sustainable Development Goals auf EU-Ebene*. Von https://www.umweltbundesamt.de/sites/default/files/medien/1968/publikationen/1609 28_uba_position_eunachhaltig_deutsch_barrierefrei.pdf abgerufen

Umweltbundesamt. (2016). *Soil Organic Carbon – An Appropriate Indicater to Monitor Trends of Land and Soil Degradation wihing the SDG Framework?* Von https://www.umweltbundesamt.de/en/publikationen/soil-organic-carbon-an-appropriate-indicator-to abgerufen

Umweltbundesamt. (15. 04 2016). *Umweltbundesamt*. Von https://www.umweltbundesamt.de/sites/default/files/medien/378/publikationen/climat e_change_23_2016_nir_2016_berichterstattung_unter_der_klimarahmenkonvention.p df abgerufen

United Nations. (1987). *Our Common Future*. NGO Committee on Education.

Wirtschaftswoche. (22. Oktober 2012). *Wirtschaftswoche*. Von https://www.wiwo.de/technologie/umwelt/nachhaltigkeit-mit-diesen-tricks-waschen-sich-deutsche-unternehmen-gruen/7273242-all.html abgerufen

Wong, T.-y. C. (2014). *Journal of Fashion Marketing and Management: An International*. Von https://www.researchgate.net/publication/241723684_The_consumption_side_of_sust ainable_fashion_supply_chain abgerufen

WWF. (Oktober 2017). *Sustainable Cotton Ranking 2017*. Von https://www.wwf.de/fileadmin/fm-wwf/Publikationen-PDF/Report_Sustainable_Cotton_Ranking_2017.pdf abgerufen

WWF. (14. 12 2018). *WWF*. Von https://www.wwf.de/themen-projekte/landwirtschaft/produkte-aus-der-landwirtschaft/baumwolle/ abgerufen

Zeit Online. (04. Dezember 2012). Nachhaltige Kleidung - Unsere zweite Haut. *Zeit Online*, 1-2. Von https://www.zeit.de/zeit-wissen/2013/01/Nachhaltige-Kleidung abgerufen

Zeit Online. (26. 08 2017). Schweden zieht die Preise an. *Zeit Online*, 1-3.

Abbildungsverzeichnis